# LA SOLUTION
## DU
# PRÊT GRATUIT

### ALIMENTÉ PAR UNE DIME SOCIALE
### VOLONTAIRE ET FACULTATIVE

PAR

## F. MARTIN-GINOUVIER

## PRÉFACE
## Par C.-A. PRÊT

Avocat à la Cour d'appel
Président de la Société d'études sociales pour la défense de la liberté
individuelle

« Un pays riche n'est pas celui
où il y a le plus de riches, mais
celui où il y a le moins de
pauvres. »

## PARIS
## LIBRAIRIE FISCHBACHER
### 33, RUE DE SEINE, 33

—

1894

# LA SOLUTION

## DU

# PRÊT GRATUIT

# LA SOLUTION

## DU

# PRÊT GRATUIT

## ALIMENTÉ PAR UNE DIME SOCIALE VOLONTAIRE ET FACULTATIVE

> « Un pays riche n'est pas celui
> où il y a le plus de riches, mais
> celui où il y a le moins de
> pauvres.

### PAR

## F. MARTIN-GINOUVIER

### PRÉFACE
## Par C.-A. PRÈT

Avocat à la Cour d'appel
Président de la Société d'études sociales pour la défense de la liberté
individuelle

## PARIS
### FISCHBACHER, ÉDITEUR

1893

# PRÉFACE

On m'a demandé un mot de préface pour ce petit livre.

Point, selon moi, n'en eût été besoin.

Comme le sujet, qui est d'un intérêt toujours vivant, l'œuvre est de celles qui se recommandent suffisamment par elles-mêmes, et la lecture de ces pages dira combien l'auteur connaît ce dont il parle.

Ce petit livre, du reste, n'est qu'un extrait. C'est le dernier chapitre et la conclusion d'un ouvrage bien plus considérable (le manuscrit ne compte pas moins de 274 pages in-folio), qui a été jugé digne du prix par la commission appelée à juger les travaux envoyés au concours qu'avait ouvert, pour le mois de décembre de l'année dernière, la *Société d'études sociales pour la défense de la liberté individuelle.*

Je dois aux futurs lecteurs de ces pages quelques mots d'explications, et sur la société elle-même (et sur le concours par elle ouvert.

Fondée dans le courant de l'année 1892, vers le mois de mai ou de juin, la *Société d'Études sociales* a immédiatement affirmé son activité, en mettant au concours le sujet suivant : « Pour éteindre le paupérisme qui se manifeste dans toutes les classes de la société, n'y aurait-il pas lieu d'organiser un crédit national, à prêt gratuit, alimenté par une dîme sociale, facultative et volontaire ? »

Sans préjuger en rien les conclusions des concurrents, absolument libres d'envisager la question chacun à son point de vue et de proposer la solution qui lui paraîtrait préférable au délicat problème de l'organisation pratique de l'institution du *Prêt gratuit*, la Société, et en cela elle était absolument dans son rôle, semblait faire pressentir que, de l'avis de la majorité de ses membres, il n'y avait d'issue logique, d'issue véritablement et efficacement praticable, à ce fort difficile et fort intéressant problème, qu'en dehors de l'action de l'État, de son initiative,

— ce qui ne veut pas dire sans son contrôle et sans sa surveillance, — et par le seul groupement des forces que peut mettre en mouvement la puissance de l'initiative privée.

Pour ce problème, en effet, comme pour tous les autres d'un caractère social, l'initiative de l'État n'est désirable, son action ne peut être efficacement féconde, qu'autant qu'est dores et déjà prouvée l'impuissance de l'initiative individuelle.

C'est, à ce que je crois, par le libre concours des efforts des individus, par le libre champ laissé à l'initiative de chacun et de tous, par l'épanouissement complet, en un mot, de la personne humaine, — ce qu'un jurisconsulte philosophe, le regretté Acollas, a fort justement appelé l'*autonomie* de l'individu,—dans quelque domaine que ce soit, sous l'impulsion, et, au besoin, avec l'encouragement et l'appui simplement moral de l'État, que l'on pourra arriver successivement et petit à petit à la solution de cette grande question sociale, qui fait le souci et cause le tourment de tous ceux qui ont à cœur les intérêts des travailleurs et compatissent sincèrement à leurs souffrances.

Oui, la question sociale, ou plutôt ce que l'on qualifie un peu erronément, un peu improprement, de la sorte, c'est bien là véritablement la grande question, le grand problème de l'heure présente. C'était, du reste, déjà un peu la question d'hier; sans nul doute, ce sera encore beaucoup celle de demain, mais simplifiée, il faut le croire, et, espérons-le, en partie du moins, résolue.

C'est qu'il y a bien moins ici une question unique qu'une série de problèmes à résoudre. Et cela me permet, en passant, de signaler l'injustice de cette accusation absurde que l'on fait peser sur la mémoire de ce grand tribun, qui eut nom Gambetta, lorsque l'on prétend encore couramment tous les jours que l'existence de la question sociale a été niée, formellement niée, par le plus puissant orateur qu'ait encore eu la démocratie française. C'est bien toujours le même et déplorable système de tronquer les citations d'un discours ou d'un livre, de prendre des phrases, ou des lambeaux de phrases, et de défigurer la pensée d'un auteur, orateur ou écrivain.

« Mais, tenous-nous en garde, s'écriait un jour Gambetta, dans ce fameux discours du Havre, du 18 avril 1872, qui fit alors le tour de la presse française et du monde, contre les utopies de ceux (l'orateur visait les socialistes autoritaires de 48, qui ne le lui ont pas pardonné) qui, dupes de leur imagination ou attardés dans leur ignorance, croient à une panacée, à une formule, qu'il s'agit de trouver pour faire le bonheur du monde. Croyez qu'il n'y a pas de remède social, parce qu'il n'y a pas *une question sociale*. Il y a une série de problèmes à résoudre, de difficultés à vaincre, variant avec les lieux, les climats, les habitudes, l'état sanitaire ; problèmes économiques qui changent dans l'intérieur d'un même pays ; eh bien, ces problèmes doivent être résolus un par un et non par une formule unique. C'est par le travail, par l'étude, par l'association, par l'effort toujours constant d'un gouvernement d'honnêtes gens que les peuples sont conduits à l'émancipation. Il n'y a pas, je le répète, de question sociale, il y a tous les jours un progrès à faire, mais non pas de solution immédiate, définitive, complète. »

Au nombre de ces problèmes, dont la solution est pour les sociétés une question de prospérité ou de décadence, de vie ou de mort (heureuse l'humanité, le jour où elle aura arraché au sphinx social le mot de la redoutable énigme !) au nombre de ces problèmes se place au premier rang celui de l'extinction, ou, au moins, de l'atténuation du paupérisme.

1.

« Il y aura toujours des pauvres parmi nous ! »
Telle est la parole désolante, que l'on s'en va,
chaque jour, répétant partout, parole que l'on a
cru lire dans un texte mal saisi et mal interprété
de l'Évangile. Je conteste, pour ma part, et éner-
giquement, l'absolue vérité d'une telle assertion,
et je souscris avec empressement à ces excellentes paroles d'Edmond About (*Le Progrès*,
p. 56) : « On croit encore aujourd'hui qu'il y
aura toujours des riches et des pauvres ; *le temps
fera justice de ce préjugé égoïste et découra-
geant*».

Avec le temps, l'un des moyens qui nous sem-
blent appelés à faire justice de ce préjugé, c'est
précisément le *Prêt gratuit*.

Et voilà pourquoi, pour en revenir à l'objet pro-
pre de cette préface, la *Société d'Études sociales*,
au nombre des conférences par elle organisées, on
avait préparé une dont on se souvient sans doute
encore, sur le *Prêt gratuit*, à la salle Octobre,
tandis que, d'autre part, elle avait mis le sujet que
l'on sait au concours.

L'œuvre couronnée est, je l'ai déjà dit, un im-
portant travail, qui contient de fort intéressants
développements et de très judicieux aperçus sur

l'institution du *Prêt gratuit*, son origine et ses vicissitudes historiques, son utilité, son organisation actuelle, c'est-à-dire son fonctionnement partout où il existe à l'heure présente, en France comme dans les pays étrangers, sous quelque forme que ce soit, les institutions analogues ou voisines, les services que l'on peut en attendre, et l'avenir qui lui est vraisemblablement réservé.

Le dernier chapitre, le seul qui est publié aujourd'hui, avec la conclusion qui clôt le chapitre et l'ouvrage, et qui donnera, je crois, au lecteur, le désir d'en connaître le reste, nous montre comment l'auteur, instruit par l'étude et par l'expérience, entend la mise en œuvre de cette importante institution. Il descend aux détails de l'organisation d'un établissement national de Prêt gratuit, alimenté par une dime sociale, facultative et volontaire, et nous donne le projet des statuts destinés à le réglementer.

L'auteur termine, en exprimant le plus ferme espoir, auquel je m'associe bien volontiers avec lui, en l'efficacité réelle du *Prêt gratuit* pour l'avancement de la solution à donner à la question, vraiment sociale, du paupérisme, suivant cet idéal de liberté et de justice que j'exprimais un jour, au fauteuil de la présidence de l'une de nos réunions, tenues à la grande salle des fêtes, de la mairie du 9ᵉ arrondissement, en ces mots, que j'aurais voulu donner comme devise à la Société elle-même : *Ad libertatem per justitiam, ad justitiam per libertatem* : A la liberté par la justice, à la justice par la liberté ! C'est sur cette double base, en effet, que doit être placée la réédification du monde nouveau.

Dans cette œuvre de rénovation sociale, urgente au premier chef, le *Prêt gratuit*, véritable application de la mutualité nationale, a dès maintenant sa place marquée au premier rang.

Puisse donc cette humble plante, née sur le sol de France et qui y a germé dans plus d'un terrain favorable et propice, y croître et s'y développer ! Puisse, dans les manifestations que nous réserve un avenir plus ou moins lointain, (que ne peut-il luire dès demain même !) cette modeste fleur montpelliéraine éclore partout au grand jour et réjouir le monde qui travaille par l'abondance de ses fruits savoureux et dorés !

Mais... je contestais au début l'utilité d'une préface, et voilà que, presque sans m'en apercevoir, je me trouve en avoir fait une longue, bien longue...

Que ceux qui auront le courage de la lire me pardonnent en faveur de l'intention, et, mieux encore, qu'ils s'en aillent, après l'avoir lue, répandant par le monde la bonne parole du nouvel évangile social et travaillant à la propagande du *Prêt gratuit* !

C.-A. PRÊT

Octobre 1893.

# DÉDICACE

Je dédie ces lignes à M. Sadi Carnot, Président de la République française, en souvenir des mémorables paroles qu'il a prononcées en réponse au discours de M. Pellier (1), administrateur du *Prêt*

---

(1) Monsieur le Président,

« Le bureau du *Prêt Gratuit* de Montpellier a l'honneur de vous offrir ses respectueux hommages.

« Fondée par un évêque, cette œuvre, Monsieur le Président, compte plus de deux siècles d'existence. Montpellier est la première ville de France qui ait possédé un établissement de ce genre, prêtant sans distinction de culte et d'opinion et à des conditions absolument gratuites. Absolument gratuites également sont les fonctions des administrateurs, qui s'obligent au secret et à la plus grande obligeance envers le public.

« Aussi le *Prêt Gratuit* de Montpellier a-t-il été considéré comme un établissement modèle. Il a, par suite, obtenu et il espère conserver la bienveillance et l'appui du Pouvoir, dont nous saluons en votre personne le plus haut représentant. »

M. le Président Carnot a répondu « qu'il était heureux de trouver à Montpellier un établissement qui rendit de semblables services et qu'il souhaitait vivement que le *Prêt Gratuit* de Montpellier suscitât de nombreux imitateurs ».

*Gratuit* de Montpellier (1), lors de son séjour dans cette ville, pour la célébration du VIᵉ centenaire de l'Université de cette glorieuse cité.

Je le fais, avec la conviction sincère que le premier Magistrat de la République, héritier d'un grand nom dans les annales de notre Révolution, emploiera tout le prestige qui s'attache à ses hautes fonctions, pour faire progresser, sous notre régime démocratique, toutes les institutions sociologistes, pratiques et humanitaires, qui doivent alléger le fardeau des humbles et des frêles, qui travaillent dans leurs modestes conditions, pour la grandeur de la mère patrie.

______________

(1) Depuis 1684 cette institution prête gratuitement sur gage.

# ORGANISATION ET GÉNÉRALISATION
# DU PRÊT GRATUIT

*L'homme bienfaisant n'est pas celui qui donne le plus, mais celui qui donne le mieux.*

BENJAMIN DELESSERT.

Il me semble qu'il est politique, qu'il est humain, que les capitalistes répondent aux théories désespérantes des pessimistes, qui condamnent l'homme à l'abjection éternelle de la misère et aux théories subversives de ceux qui prétendent qu'on n'obtient du pain qu'avec du fer ou du feu, par l'organisation du *Crédit national mutuel à prêt gratuit.*

On m'accusera, gratuitement je le sais, — c'est une des formes de la charité peu méritante, — de vouloir réaliser ce que tenta Proudhon en 48, sans succès. Peu m'importe, si la *Banque du Peuple* ne fut qu'une idée chimérique, je prétends que cet insuccès ne doit pas nous refroidir; du reste, tout n'a pas été dit sur ce sujet.

On doit le dire bien haut, l'organisation du *Prêt gratuit* n'a rien à faire avec celle de la *Banque du Peuple*, que je n'ai pas le loisir de juger ici.

Nous connaissons la célèbre discussion de Proudhon avec Bastiat ; mais notre intention n'a jamais été d'être ni avec Proudhon ni avec Bastiat, parce que nous estimons qu'il y a placé, entre ces deux théories, pour une troisième qui désire être simplement humanitaire, en laissant aux capitaux leur valeur banquable, comme au travail la libre discussion de son salaire.

Pourquoi ne pas le dire, cette œuvre qui n'en veut ni au capital, qu'elle respecte, ni à la propriété, qu'elle regarde comme la récompense de nos efforts, peut être le bivouac d'une évolution pacifique de notre économie sociale. Je ne dis pas que mon projet soit la panacée universelle. Je crois même, et il faut s'y attendre à des déceptions, et ne point s'en émouvoir. Ceci est la conséquence immédiate d'une nouvelle organisation.

Mais je prétends que le crédit gratuit est un dogme fondamental de la sociologie moderne.

Pourquoi le *Prêt Gratuit* dans sa généralisation ne réussirait-il pas ?

Aux peureux, à ceux qui s'attardent dans les sentiers du doute, de plier ou de rompre.

Les lois d'atavisme engendrent des gradations dans tous les progrès, dans ceux de la matière comme dans ceux de l'esprit. Il y a aussi une loi naturelle et suprême, qui a des poussées brutales en avant, à laquelle rien ne peut résister.

Le commencement de toute chose, même utopique, débute par un enseignement, qui engendre une foi, en attendant que la croyance ébauchée finisse par une démonstration claire et précise.

Je vous dis cela, afin que vous ne me croyiez pas enrôlé comme volontaire du royaume d'Utopie.

L'Utopie est un doux rêve, mais les plus beaux

rêves n'ont jamais donné aux hommes la sécurité du lendemain, puisque le réveil est toujours plein d'amertume.

Après avoir étudié tous les effets et les causes de la misère, nous avons essayé de vous prouver l'utilité du *Prêt Gratuit*, en ouvrant sous vos yeux le Grand-Livre de nos crimes sociaux.

Des faits irrécusables, que nous avons fait surgir de terre, est née une foi qui nous a permis de croire à l'efficacité du *Prêt Gratuit*; aujourd'hui, convaincu moi-même de sa nécessité, je dois enraciner cette conviction chez mes concitoyens, en cherchant un mode d'action et d'application pratique, qui en rende l'efficacité immédiate.

Nous avons vu que le *Prêt Gratuit* n'est pas une chose nouvelle, puisqu'il fonctionne depuis des siècles ; nous n'aurions donc rien apporté de neuf, si nous nous étions contenté de demander la généralisation de son *statu quo*.

En ce siècle de démocratie, où le peuple puise tous les jours dans les feuilles publiques des arguments sérieux pour la défense de ses droits, il est possible qu'il cherche, sans nuire aux capitalistes, l'ouverture d'un crédit, que la solidarité seule peut lui donner.

Je livre aux penseurs, aux financiers, aux législateurs, aux travailleurs, la clef de ce nouveau catéchisme social, qui peut être l'alpha d'un nouveau régime financier : cette évolution pacifique peut éviter au capital la plus formidable des secousses.

En attendant leur réponse, je livre la clef de voûte, qui permettra de construire l'édifice moderne de notre sociologie évolutionniste.

Comme ce n'est pas tout que d'avoir des idées, et

qu'il faut, je pense, publier, surtout lorsqu'on les croit excellentes pour l'intérêt général, d'une manière claire et succincte, — j'en donne les bases :

# STATUTS

## CRÉDIT NATIONAL MUTUEL
## A PRÊTS GRATUITS

Entre ceux qui adhèrent aux présents statuts, il est créé en France et dans toutes les colonies, un *Crédit National à prêts gratuits*.

Art. 1. — Cette société de crédit a pour but de permettre à ses adhérents de s'entr'aider dans les causes multiples et imprévues de la misère, par l'union de leur prévoyance collective.

1° De se procurer facilement une avance pouvant aller jusqu'à 200 fr. d'argent, répondant aux besoins passagers de la vie.

2° Les prêts seront consentis sur l'honneur, les délais de remboursement par acomptes seront laissés à la bonne volonté de l'emprunteur ; dans aucun cas, il ne pourra être perçu aucun intérêt.

Art. 2. — Les ressources budgétaires se composent :

1° Des intérêts de cinq millions, fournis par l'Etat, comme capital de réserve pendant trente ans.

2° De dons ou legs.

3° De dîmes volontaires.

4° Des remboursements effectués.

Enfin l'État pourra prescrire des dîmes de droits et des dîmes de succession.

Art. 3. — Tout participant, contre l'échange de son livret, doit un droit fixe de deux francs, qui restent acquis à la caisse pour couvrir les frais d'impression et d'administration.

Art. 4. — Ce livret portera un matricule et participera aux tirages annuels fixés par la régence (remboursement 1,000 fr).

Art. 5. — Tout sociétaire ne faisant pas régulièrement le versement obligatoire de 50 centimes par mois (sauf cas de force majeure) sera exclu de la Société, et remboursé de ses avances, s'il n'a contracté aucun prêt.

Les versements mensuels ne peuvent être inférieurs à 50 centimes.

Art. 6. — Aucun intérêt ne sera servi à l'épargne.

Art. 7. — Si un membre emprunteur ne rembourse pas la somme prêtée, au bout de plusieurs délais accordés, il verra son crédit rayé, et perdra les sommes versées par lui.

Art. 8. — Chaque fois que la mauvaise foi sera évidente et que l'état de solvabilité ultérieure aura été régulièrement constaté, le coupable sera contraint au remboursement par toutes les rigueurs de la loi.

Art. 9. — Tout membre cessant de faire partie de la Société n'aura droit qu'au remboursement de ses versements.

Art. 10. — En cas de décès d'un participant non emprunteur, les sommes versées par lui seront immédiatement remboursées à ses héritiers directs.

Art. 11.—Nul ne peut être admis quoique participant, au bénéfice du *Prêt Gratuit*, s'il n'est âgé de vingt-et-un ans au moins.

Il ne sera fait d'exception qu'en faveur des orphelins des participants.

Art. 12. — Sur ses ressources annuelles le Crédit consentira deux prêts :

1° Sur son budget ordinaire, à tout participant porteur de son livret en règle, un crédit qui ne pourra dépasser 200 francs.

2° Sur son budget extraordinaire, il accordera des secours à tout individu qui lui en paraîtra digne, en le faisant travailler dans les *Ateliers de l'Assistance du travail*, et en lui fournissant des bons de logements et de nourriture.

Art. 13. — Les prêts pourront être consentis sur tous les points du territoire français, du moment que la carte d'identité répondra à la ressemblance de l'emprunteur.

Art. 14. —Un nouveau prêt ne pourra être consenti tant que le premier ne sera pas intégralement remboursé.

Ci-dessous je joins le modèle du livret, qui devra contenir une carte d'identité.

# DIX-HUITIÈME SÉRIE

## LIVRET N° 502

## CRÉDIT NATIONAL MUTUEL
## DU PRÊT GRATUIT

### PARIS

| Visé par le Gouverneur | Visé par le caissier principal |
| --- | --- |

Nom et prénoms du titulaire du livret.

NOM. . . . . DAGOBERT.
PRÉNOMS . . . PIERRE-CHARLES.
ADRESSE . . . Rue des Deux-Portes, 3.
PROFESSION . . Tailleur.
NÉ A (1) . . . à Libourne, le...

Signature du Titulaire,
DAGOBERT.

Fait en double à Paris, le 25 décembre 1891.

(1) Tous les participants doivent être français ou naturalisés.

| DATE DES VERSEMENTS | SOMMES versées | CONTROLE du caissier principal | OBSERVATIONS |
|---|---|---|---|
| | fr.   cent | | |
| 25 décembre 1890 . . . . | 2 fr. 50 | | |
| 10 janvier 1891 . . . . . | 2   » | | |
| 25 février 1891 . . . . . | 1   » | | |
| 15 mars 1891 . . . . . . | 1   50 | | |

| DATES des emprunts | SOMMES reçues | ÉCHÉANCES des Remboursements fixés par l'emprunteur | OBSERVATIONS | CONTROLE du caissier principal |
|---|---|---|---|---|
| 15 avril 91 | 100 » | 15 juillet 91 . 25 fr.<br>15 octobre 91. 25 »<br>15 janvier 92. 20 »<br>15 avril 92 . . 15 »<br><br>Total . . 85 fr. | l'emprunteur est malade.<br>il demande un délai de trois mois.<br><br>A reporter 15 fr. au nouveau compte. | |
| 15 avril 92 | 15 » | 15 juillet 92 . 15 fr.<br><br>Total. . 100 fr. | Remboursement effectué en 15 mois. | |

*DIX-HUITIÈME SÉRIE* **DEMANDE DE PRÊT** LIVRET 502

J'ai l'honneur de solliciter du **Crédit National Mutuel a Prêt Gratuit** un prêt de **Cent francs** que je m'engage à rembourser sur l'honneur dans le plus bref délai.

Visa du Gouverneur, Signature du Titulaire,

*Paris, le 13 avril 1891.* Dagobert.

N. B. — Cette demande doit être adressée affranchie au Gouverneur vingt-quatre heures avant de passer à la caisse.

*DIX-HUITIÈME SÉRIE* **REÇU** LIVRET 502

Je reconnais avoir reçu du **Crédit National Mutuel a Prêt Gratuit** la somme de **cent francs** que je m'engage à rendre dans le délai (1), au 15 juillet, 15 janvier, 15 avril 1892 (1).

Visa du caissier principal, Signataire du titulaire,

*Paris, le 15 avril 1891.* Dagobert.

(1) Le participant doit désigner ces échéances.

Dès maintenant, je désire faire éclore toutes les objections qui peuvent germer, afin de répondre à toutes, et de bien démontrer la maturité de mon sujet.

Je vous entends me dire :

1° Quel intérêt aura le sociétaire à venir, pendant 20 ou 25 ans, verser une somme annuelle de 6 francs pour obtenir une fois par hasard, un crédit qui ne pourra dépasser 200 francs ? N'est-ce pas un intérêt déjà bien cher ?

2° Quel mobile, quelle attache pourra le river à votre œuvre, puisque plus d'un, après un versement de 6 francs, vous empruntera 200 francs avec le dessein bien arrêté de ne jamais les restituer.

Détrompez-vous ! La première objection, qui vous paraît avoir un semblant de logique, est vite élucidée par ce raisonnement bien simple.

Admettez un instant qu'un individu ait déposé, pendant 25 ans, 6 francs à la caisse d'épargne ; calculez son résultat en y ajoutant les intérêts composés.

Pour mon compte je trouve que 25 versements à 6 francs font . . . . . . . . . . . 150 f. »
Si j'ajoute les intérêts composés de 3 0/0 pendant cette durée j'arrive à . . . . . 224 60
Soit . . . . . . . 374 70

Ces vingt-cinq ans sont la vie active de l'homme, c'est l'étape intermédiaire de 16 à 42 ; arrivé à ce cran pour beaucoup c'est le déclin de la force et et de la santé, âge critique, période aiguë.

Mais néanmoins, la tâche du travailleur n'est pas achevée, s'il s'alite, à peine convalescent, il doit hardiment reprendre l'outil libérateur, s'il ne veut pas mourir, lui et les siens, de faim. Que seront devenus ses 374 fr. 60 dans cette crise physique et financière ?

Si tout le contraire le même individu s'est enrôlé dans le *Crédit national mutuel*, il aura, il est vrai, au bout de 25 ans, versé 150 francs qui ne lui auront donné aucun intérêt, mais pendant 25 ans il aura pu, par renouvellement, se faire ouvrir un crédit de 200 francs.

En dehors de cet avantage, il aura la satisfaction intime d'avoir aidé dans la mesure du possible d'autres sociétaires, puis un jour ou l'autre, quand bon lui fera plaisir, il pourra faire le retrait de ses versements.

Je surprends sur vos lèvres un sourire sceptique, et je lis dans vos yeux — mais qui empêche l'ouvrier d'économiser davantage ? il n'a qu'à aller moins au cabaret et il ira plus souvent à la Caisse d'épargne.

Si vous consultiez la statistique des déposants de la Caisse d'épargne, je suis sûr que vous constateriez que les plus gros déposants sont en général des célibataires.

Il est difficile, pour ne pas dire impossible, qu'un père de famille puisse arriver à faire de grosses économies. Ce qu'il faut aujourd'hui, c'est de nous débarrasser de cette fausse conviction qui fait de tous les ouvriers des sphinx accroupis, méchants, indéchiffrables, auréolés d'effroi et de légendes terrifiantes.

Il est temps, et, c'est là où je réponds à votre objection, de faire mentir le vieux proverbe qui dit : « On ne prête qu'aux riches ».

Pourquoi ne ferions-nous pas des avances sur la bonne foi, l'honorabilité des emprunteurs qui nous apportent pour nantissement, avec la vaillance de leurs bras et de leurs intelligences, leur honneur, valeur réelle, qui n'est pas à dédaigner.

Vous dites: il y aura peu de remboursements. Détrompez-vous ; le travailleur digne de ce nom, sachant qu'en ne rendant pas, il prive d'un secours un plus malheureux que lui, n'oubliera pas sa dette d'honneur.

Si ce noble mobile de solidarité n'est pas suffisant, le cas a été prévu — puisque l'humanité compte des brebis galeuses, — le délinquant dont l'état de *solvabilité ultérieure ou la mauvaise foi auront été constatées, sera contraint par toutes les rigueurs de la loi au remboursement.* (Art. 8.)

S'il y a quelques non remboursements — il faut s'y attendre — j'ose affirmer que les trois-quarts de ces cas, seront alors extrêmement intéressants, car, pour la majorité, un nouveau malheur sera venu fondre inopinément sur leur toit et couper le fil de leur noble espérance.

Ici les régents devront avoir du tact et de l'humanité, pour traiter ces pauvres diables avec toute la délicatesse qui convient à une œuvre qui veut travailler au relèvement matériel et moral des individus ou des familles momentanément embarrassées, en leur fournissant de prompts secours qui les empêcheront de tomber dans les serres cruelles de la misère.

Du reste, pourquoi le sociétaire ne resterait-il pas rivé à cette œuvre providentielle, lorsque tout l'y invite ?

1° Puisqu'il peut toujours être remboursé de ses cotisations.

2° Se libérer de ses emprunts par des acomptes conformes à ses ressources, et s'assurer ainsi un petit crédit, qui viendra, sans cesse, en aide aux exigences de la maisonnée.

3° N'a-t-il pas aussi l'espoir de voir un jour son livret, témoin de ses luttes, se transformer en un beau billet de mille francs ; et cela peut-être dès le début de sa participation (voir l'article 4 des statuts) ?

Calculez, avec ça, que sa femme et ses enfants peuvent être participants.

Donc la femme peut, aussi bien que le mari, sur le pied de l'égalité emprunter une pareille somme, si tous les deux ont rigoureusement rempli leurs engagements.

C'est donc ouvrir un crédit de 400 francs à tous les ménages des participants et leur faire espérer, dans un délai plus ou moins rapproché, un gain de 1,000 francs, que le sort désignera.

Car les enfants, quoique participants, au même titre, ne pourront emprunter avant leur majorité. En dehors du tirage annuel, où leur chance peut se mettre en relief, n'y aurait-il pas lieu de leur créer un privilège, puisqu'ils ne peuvent jouir du prêt ? Cette question pourrait être examinée par le conseil de régence.

Mais, un autre avantage, je voudrais que tout participant mineur pût en cas de maladie grave, sur l'avis de son médecin, et contrôlé par un autre mandataire de l'association, recevoir des secours suffisants pour activer son rétablissement.

D'autre part, je voudrais que tous les participants mineurs, qui arriveraient à se signaler à l'attention par le succès de leurs études comme de véritables intelligences, trouvassent, avant les chances du tirage qui ne peuvent leur faire défaut, les fonds nécessaires à leurs besoins.

J'affirme que, lorsque les travailleurs de toutes les écoles connaîtront cette combinaison, qui offre un intérêt patent, direct, immédiat, ils la choisiront de préférence à un intérêt incertain éloigné, problématique et plein d'aléa.

Soyez sans crainte, si le travailleur aime à ergoter, il comprendra qu'ici ce mode de prévention collective sera son œuvre.

Il s'y attellera d'autant plus qu'il sentira sa dignité se rehausser et sa liberté se manifester.

L'homme consciencieux, le participant zélé, qui aura raisonné l'intérêt moral et mathémathique de cette association, préférera de beaucoup placer 6 francs pendant 25 ans, sans intérêt, que d'emprunter pour la même durée à un parent, à un ami, une somme égale, avec un intérêt de 3 °/₀, sachant qu'il aurait à verser 4,50 par an : soit 112 fr. 50 au bout de 25 ans.

Il y viendra, en s'apercevant que cette tontine n'escompte pas la part des décédés, mais au contraire qu'elle accepte la virilité laborieuse, honnête, de tout homme, comme un précieux nantissement, une quasi-hypothèque prise sur la valeur morale de l'individu.

A mon avis, soupçonner la loyauté d'un homme, c'est le faire sombrer, l'admettre comme une chose précieuse, c'est lui donner un prix inestimable qui peut la faire renaître dans les consciences d'où elle s'est exilée volontairement ou accidentellement.

Au nom du ciel, je ne cesserai de demander un peu d'idéal pour les âmes de nos déshérités, qu'une fatalité écrasante enchaîne aux plus atroces tortures. Fondons cette œuvre humanitaire, et nous verrons au lendemain de son aurore, descendre des journées ensoleillées sur leurs existences mornes et désolées, pénétrées, cette fois, de leur estimation humaine.

Délivrer l'humanité des misères qui l'affligent, essayer d'éteindre graduellement les plaies gangréneuses du paupérisme; atténuer, autant que faire est possible, les deux contrastes de notre société, l'un avide de bonheur, de joie, et repu de bien-être, l'autre accablé par toutes les douloureuses tristesses, succombant sous le poids écrasant de l'inexorable infortune; voilà le but que la société doit poursuivre, persuadée, convaincue, que ce qui résume l'âme des peuples dans les heures des grands enthousiasmes, c'est la solidarité fraternelle.

Le premier rang, dans le système de la bienfaisance publique ou privée, n'appartient-il pas aux mesures qui étouffent la misère, qui la préviennent, aux mesures qui nous rendent tous solidaires les uns des autres ; la réciprocité doit être la règle, l'axiome de l'humanité. Pourquoi en est-il autrement ? Eh bien, dans cet ordre d'idées, le premier rang revient au *Prêt gratuit*, qui n'est pas une aumône.

Prêter au travailleur, sans l'exploiter par l'usure, sans l'humilier par le don, c'est là de la vraie fraternité, qui s'exerce utilement de l'homme à l'homme sans froisser la délicatesse de ses sentiments et de sa dignité.

En agissant ainsi, vous n'anéantissez pas les espérances vivaces et robustes qui font l'homme libre. C'est un fanal que vous allumez au-dessus de l'abîme qui menace de l'engloutir.

Croyez-moi, lorsque le travailleur, victime du chômage ou de la maladie, ne se sentira plus abandonné, il n'aura plus la tentation d'aller s'enivrer au cabaret, et ses sentiments de haine contre la société en seront atténués d'autant.

La charité préventive privée, seule, peut accomplir ce miracle social, si elle sait agir par la prévoyance en encourageant le travailleur à songer à l'avenir et en coopérant généreusement à son épargne collective.

Certainement la charité volontaire, toujours féconde en ressources lorsqu'elle veut donner, peut répondre dès demain aux plus pressants besoins de cette organisation démocratique et humanitaire.

Si tous les peuples, suivant la promesse, attendent une nouvelle terre où la justice habitera, dans ce noble soupir, ô Peuple généreux de France, tu as la part la plus grande.

Eh bien, riches! Soyez prodigues de votre or, quand il s'agit d'assurer le bonheur de l'humanité; car vous pouvez rendre heureux les travailleurs, tout en restant riches, aussi facilement qu'eux peuvent vous réduire à la misère, si vous vous obstinez à être opulents.

Le travailleur, trop pauvre, ne peut épargner, puisqu'il gagne à peine le nécessaire.

« Il serait donc à souhaiter, dans l'intérêt du genre humain, que la répartition des richesses fût moins inégale, et que tout individu en âge de travailler rencontrât pour ainsi dire sous sa main l'instrument du travail utile.

Les hommes de bonne volonté s'accordent tous à dire que le monde irait mieux s'il en était ainsi » (1).

Aussi je dis que si les travailleurs savent s'unir,

---

(1) *A B C du Travailleur*, Edmont About, p. 255.

s'ils veulent sincèrement coopérer à leur bonheur, ils empileront des pièces de dix sous qui feront des millions. Avec cette mitraille, ils pourront se barricader et guerroyer victorieusement contre la misère.

L'initiative privée encouragée par la volonté collective peut produire des merveilles.

Voyez les *Prévoyant de l'Avenir*, cette société, qui, fondée à Paris, le 12 décembre 1880, compte aujourd'hui 160,919 sociétaires.

Sa progression mérite d'être citée ;

|  | Sociétaires. | Capital. |
|---|---|---|
| Au 1er janvier 1882. | 757 | 6.719.52 |
| Au 1er janvier 1883. | 1432 | 23.691.17 |
| Au 1er janvier 1884. | 3.769 | 65.561.95 |
| Au 1er janvier 1885. | 8.980 | 175.715.02 |
| Au 1er janvier 1886. | 15.008 | 371.063.99 |
| Au 1er janvier 1887. | 25.678 | 693.267.50 |
| Au 1er janvier 1888. | 47.460 | 1.206.861.45 |
| Au 1er janvier 1889. | 74.301 | 2.188.348.06 |
| Au 1er janvier 1890. | 101.570 | 3.442.580.16 |
| Au 1er janvier 1891. | 126.591 | 5.006.399.98 |
| Au 1er janvier 1892. | 145 614 | 6.766.732.35 |
| Au 1er janvier 1893. | 160.910 | 8.703.528.50 |

Nombre de sections (janvier 1893).   884 (1)

Cette association, fondée dans un but essentiellement humanitaire, se propose d'assurer à ses sociétaires, qui lui auront donné leur concours pendant vingt ans, les premières nécessités de la vie. Les conséquences du travail détruisant avec l'âge les facultés et, par conséquent, le gain, elle veut,

---

(1) Compte-rendu général de l'année 1892.

par l'association, compléter, et au besoin, remplacer le salaire supprimé par la maladie ou les accidents.

Les fondateurs de cette généreuse institution ont compris la puissance de la petite épargne répétée, qui, fatalement aidée du temps, finit par grossir considérablement.

Ces sociologues savaient sans doute qu'un placement de 10 c. par jour, soit 36 fr. par an, peut assurer une rente de 500 fr. à l'âge où la cloche du repos a sonné pour le travailleur.

Quoique, à mon avis, il y ait une grosse lacune que je ne veux pas effleurer afin de ne pas m'étendre davantage, il ne me coûte pas de dire que cette noble tentative est une éloquente protestation contre les *Maisons de Retraites*.

Mais, revenons au *Prêt Gratuit*, qui doit donner immédiatement au travailleur la quiétude nécessaire à sa tâche quotidienne.

En distinguant toutefois, que si ses participants sont engagés à une économie forcée, ils le retrouveront individuellement tous les ans, sous une forme de boni en clôture d'exercice, bien plus élevé que partout ailleurs. (Voir les articles 4 et 9.)

Certainement, songer à ses vieux jours est une louable intention, mais, pour beaucoup, ne serait-elle pas aléatoire?

Néanmoins, comme on ne sait jamais qui vit ou qui meurt, il est sage et pratique d'y penser. Loin de nous la pensée de chercher à détourner le travailleur de cette prévoyance ; au contraire, nous demandons qu'elle soit doublée d'une œuvre préventive contre les accidents, qui empêchent souvent le travailleur de pouvoir épargner pour ses vieux jours.

La nature en infusant la vie — ce grand mystère —

n'a point bourré nos poches de capitaux, espèces ou outils ; ce qu'elle nous a donné et ce qui vaut plus, c'est notre intelligence. Mais là où on se contentait de vivre sobrement de chasse et de pêche, de quelques fruits que fournissaient le spiritueux du terroir ; le commerce, l'industrie, avec leur soif insatiable, sont venus tout bouleverser ; leur œuvre a été accomplie, lorsque les voies ferrées ont sillonné notre territoire.

Pour opérer ces transformations lentes, successives, l'homme a cherché à asservir la terre ; l'outillage, en créant une nouvelle puissance, le veau d'or fait de toutes les prémices de l'agio, cette force a des proportions aujourd'hui terriblement inégales, qu'on ne peut égaliser sans produire des spoliations ou perpétrer la confiscation de tous les biens au profit de tous. Cauchemar terrifiant pour les riches, ivresse décevante pour les pauvres !

Si nous déplorons les contrastes de cette inégalité effrayante, il ne faut pas pour cela attaquer dans leur base les moteurs puissants qui font agir notre société.

Du reste, le travailleur peut avoir aussi son capital-Providence ; il sera d'autant plus sacré, qu'il sera grossi par les épargnes individuelles, pour fournir le bas de laine de la collectivité.

Il peut d'autant plus prétendre à ce privilège que son travail est un agent indispensable pour faire fructifier l'actif social, qui s'éparpille dans les caisses de nos capitalistes.

Il arrivera lui-même à se constituer une cagnote mutuelle, s'il veut y contribuer dès demain.

L'encourager dans cette voie, c'est élargir l'horizon de ses espérances et lui montrer le prix qu'on attache à son concours dans le concert humanitaire.

Evoluons dans ces sphères libertaires, et nous donnerons à notre pays le vrai règne de la paix sociale.

Loin d'endormir l'initiative privée, éveillons-la, pour en accroître l'action.

M. Goschen, en terminant son discours d'Edimbourg, disait :

« Si nous avons appris quelque chose de l'histoire, nous pouvons dire que la confiance de l'individu en lui-même et le respect par l'Etat de la liberté naturelle sont les conditions nécessaires de la force des Etats, de la prospérité des sociétés et de la grandeur des peuples. »

Le remède que nous préconisons nous semble seul offrir une puissance d'efficacité, parce que l'individu se meut librement sous la surveillance de l'Etat.

L'Etat certainement doit encourager l'épargne, sans l'imposer. Comme il doit seconder, appuyer toute œuvre humanitaire et sociale, sans pour cela descendre dans les détails de cuisine, qui n'ont rien à faire avec son contrôle administratif.

Il nous reste à examiner sous quelle forme et dans quelles limites la tutelle de l'Etat devra s'exercer à l'égard d'une pareille œuvre.

D'une part, l'Etat pourrait, pendant trente ans, concéder la jouissance des intérêts de tout ou de la moitié du produit de la vente des diamants de la Couronne, qui, avec les intérêts, s'élève à cette heure à près de dix millions. Cette combinaison permettrait à l'association de se créer lentement un capital de réserve, qui grossirait sans difficultés.

La garde et la gestion du capital social seraient confié à un conseil de régents composé de vingt-une personnes élues pour trois ans, par tous les participants réunis en assemblée générale, puis soumis à la ratification du gouvernement.

Les titulaires devraient appartenir à tous les corps d'états. Les fonctions seraient gratuites et purement honorifiques.

Le gouverneur et les deux sous-gouverneurs ne pourraient qu'être logés dans l'Hôtel du Crédit.

L'Établissement comptera autant de succursales que les besoins en feront sentir l'urgence.

Le travail se fera sans beaucoup de frais, si on sait éviter le fourmillement d'employés inactifs de nos bureaucraties.

Pour les départements ou les communes, nous proposerions que les caisses locales soient tenues par le bureau de poste afin que les opérations de Prêt soient faites aussi rapidement que possible.

Laissez-moi, en passant, vous faire observer que l'organisation localisée des secours mutuels offre une très grosse défectuosité qui ruine même son entrainement. Voici un sociétaire que les nécessités de la vie obligent, par suite de chômage, d'aller s'embaucher dans des villes plus loin, immédiatement, tout en payant sa cotisation, il ne peut bénéficier des avantages de la société.

J'évite donc cela, en permettant à tous les participants de jouir partout et toujours de ses privilèges, du moment que leur livret est en règle.

Si vous enlevez ce prétexte aux ouvriers qui dans certains centres sont un peu nomades, vous les entraînez tous dans votre courant de pique-nique social.

C'est la substitution absolue de la collectivité à l'individualité par la solidarité la plus large et la réciprocité la mieux entendue.

Ne croyez pas que la franchise du livret devienne

un abus, et favorise le désordre. Cela sera impossible, d'abord parce que le Crédit ne sera accordé qu'entouré de sages précautions, il ne prêtera ensuite à aucune erreur puisque la situation du participant sera fidèlement transcrite sur son livret, ce qui permettra à un agent d'Alger ou de Lille de connaître le doit et l'avoir du porteur qui aura contracté sa participation à Paris. Il ne pourra non plus se méprendre sur l'identité du signataire, puisque son livret contiendra une photographie d'identité visée par le directeur du bureau qui l'aura délivrée.

Aucune supercherie n'est donc à craindre ni d'une part ni de l'autre.

D'un autre côté, ne craignez pas de ne pas trouver des administrateurs : ils ne vous feront point défaut. Les gens les plus en vue seront trop heureux de donner leur temps à titre gracieux, ce sera un honneur recherché que celui qui donnera voix consultative dans ce conseil de haute philanthropie mutuelle.

Maintenant examinons la question de la dîme, qui, doit alimenter le crédit, car je n'aime pas trop le mot taxe, impôt personnel que les Anglais lèvent en faveur des pauvres, parce que cet impôt forcé viole, jusqu'à un certain point, la volonté de chacun.

La taxe des pauvres, dit M<sup>me</sup> de Staël, entretient la mendicité.

Je serais assez tenté de le croire, parce qu'alors le pauvre a le droit de s'y fier comme à une rente assurée.

Du XVII<sup>e</sup> siècle jusqu'à la Révolution l'*Income-tax* des Anglais a subsisté à Abbeville.

La charité publique y a été connue alors sous la

dénomination de *l'Aumône*, puis, de *bureau des pauvres*.

Dans les villes du Nord, on disait la *Table des pauvres* ou *la Carité*, et les administrateurs s'appelaient *pauvrisseurs*.

Encore au XVI° siècle, l'élection en est la base, le mandat est obligatoire et la taxe arbitraire. L'élection se fait par le clergé séculier qui choisit deux commissaires civils.

La dime n'est pas une chose nouvelle, elle est vieille comme le monde ; M. Maxime du Camp nous en démontre l'origine.

En faut-il conclure que les anciens Juifs ne connurent et n'exercèrent pas la charité avant la dispersion qui suivit le sac de Jérusalem par Titus ?

Non certes, mais pour l'exprimer ils se servaient du mot *Zedaka*, qui signifie à la fois justice et bienfaisance ; car pour eux la charité n'était point facultative ; elle était imposée comme un devoir aussi rigoureux que la justice ; s'y soustraire, c'était manquer à la loi.

C'est aussi de cette façon qu'elle a été comprise par Mahomet, qui, dans le Koran, détermine le taux des aumônes et le fixe au huitième du revenu.

Un Israëlite n'était donc *Zaddich*, c'est-à-dire juste, que s'il était charitable : le Juif se conformera aux préceptes de sa religion, distribuera en dons secourables la dîme, — *Mausser* — de son gain ou de son revenu ; lorsqu'il se mariera, les pauvres recevront de lui le dixième de sa dot. Ce dernier usage semble tomber en désuétude, comme si le respect des traditions s'émoussait au contact d'une civilisation, parfois trop raffinée ; mais, il y a cinquante ans, nul n'aurait osé y manquer. »

Cette vieille coutume juive doit devenir chez

nous un principe démocratique admis, puisqu'il n'est pas le moins équitable.

Selon moi, la dîme doit être, dans notre organisation, un droit strict et une obligation rigoureuse, et ce sera toute justice de l'imposer aux uns et de la laisser volontaire et facultative pour les autres.

Sous Charlemagne, la dîme devient pour l'Eglise une source de revenus fixe et certaine, qui lui assure le dixième du revenu des particuliers.

Un jour, Vauban eut le courage de faire passer sous les yeux de Louis XIV le tableau navrant de la misère de son peuple, et de lui proposer un « *Projet d'un 10e royal qui supprime la taille, les aydes, les douanes d'une province à l'autre.* » Vauban ne tarda pas à savoir ce que coûte une pareille audace ; après cinquante ans d'immortels services, l'autocrate décide la mise de son livre au pilori.

Heureusement qu'il n'en sera pas de même, cette fois ; l'urgence croissante de la question sociale ne permet plus que l'on mette la lumière sous le boisseau.

Le mot *dîme sociale* deviendra sous peu l'expression théorique et pratique du besoin social moderne.

Le motif moral de la dîme sociale s'impose d'autant plus que, si vous écrivez sur vos murs: la mendicité est interdite, il est sage de ne point faire de mendiants.

Il est vrai « que nulle taxe n'est légitime, dit M. Guizot, si elle n'est consentie par celui qui doit la payer ; nul n'est tenu d'obéir aux lois qu'il n'a point consenties. »

La dîme alors devient un sacrifice raisonné, qui la rend d'autant plus sacrée qu'elle est volontaire, puisque chacun a le droit de fixer la quotité de la dîme.

J'entends déjà des voix me dire : mais c'est un nouvel impôt que vous réclamez. Non, certes, plus d'impôts nouveaux, si ces impôts doivent servir à un gaspillage politique, mais oui, un impôt nouveau, si cet impôt — nouveau surtout dans son objet — doit être exclusivement consacré au soulagement des malheureux !

N'imposons rien, en dehors de quelques *Dîmes de droit*, que nous examinerons plus loin.

Il suffit, je crois, de diriger, de solidariser les Hommes dans le sacrifice, pour que la dîme, sans être obligatoire, soit proportionnelle.

Donc, l'intervention de l'Etat n'a pas besoin d'être immédiate, pour la fondation de la dîme sociale.

Rappelez-vous que la première caisse d'épargne fut fondée en France par Benjamin Delessert, en 1818. Au début, le gouvernement n'intervient que dans l'approbation des statuts, puis son développement exige d'en régler le fonctionnement par les lois (1).

Remarquez que l'Etat n'a jamais fondé une seule société de secours mutuels. Néanmoins elles sont régies par des lois soumises à l'approbation de l'Etat.

---

(1) Aujourd'hui cette caisse est administrée non seulement par un directeur, qui est indépendant du ministre, car bien que le ministre le nomme, il ne peut le révoquer, mais par un conseil d'administration composé de deux sénateurs, nommés par le Sénat, deux députés nommés par vous, deux membres du conseil d'Etat nommés par le Conseil d'Etat, deux membres de la Cour des Comptes nommés par elle, d'un membre de la chambre de commerce, du Gouverneur de la Banque de France, et d'un seul fonctionnaire des finances, le directeur du mouvement des fonds. Aux termes de la loi organique de 1837, les fonds disponibles des caisses d'épargne sont déposés à la caisse des dépôts et consignations.

Si je me contente de réclamer une *dîme de droit*, pour une certaine catégorie de fonctions, il est bon de ne pas oublier que toutes les nations reconnaissent aujourd'hui la nécessité d'introduire dans l'impôt plus d'équité et de justice en frappant davantage ceux qui sont plus riches (1).

Les *dîmes de droit* devraient être des impôts

---

(1) L'impôt sur le capital ou sur le revenu existe en Angleterre, en Italie, en Allemagne, en Belgique, en Suisse, en Autriche, en Portugal, en Luxembourg, en Norvège, en Russie, dans l'Amérique du Nord, et enfin dans les républiques sud-américaines.

Commençons par l'Angleterre, où l'*income tax* fut créé au commencement du siècle pour pourvoir aux frais de la guerre contre la France.

Après différentes modifications, l'*income tax* fut fixé depuis 1886 à 3.33 0/0. Les revenus inférieurs à 3,750 francs jouissent de l'exemption totale, et des exemptions totales ou partielles sont accordées à des institutions charitables, aux Universités ; mais la loi de 1842 n'a pas reproduit les exemptions basées sur le nombre des enfants, etc.

L'*income tax* saisit le revenu et non la personne qui le possède. Il comporte cinq articles : A Propriétés et demeures ; B Fermages ; C Annuités (fonds anglais, des colonies et de l'étranger) ; D Bénéfices industriels et commerciaux, valeurs mobilières, professions libérales ; E Traitement public et privés, pensions publiques. Il est le même pour les cinq catégories.

Pour les propriétés et tenures, il est assis sur la pleine valeur locative constatée par les baux et autres pièces authentiques.

Pour les fermages il est fixé, par une présomption légale, à la moitié de la valeur locative en Angleterre et au tiers de la même valeur pour l'Écosse et l'Irlande.

Pour les arrérages payables sur les revenus du Royaume-Uni, la valeur imposable est déterminée par la Banque d'Angleterre ; qui prélève l'impôt sur les arrérages et le verse à l'Échiquier. Pour les arrérages des valeurs coloniales et étrangères, il est établi par des commissaires spéciaux et dû par les agents chargés du service de ces arrérages.

fixes, qui frapperaient tous les officiers ministériels, notaires, huissiers, etc., etc.

Les *dîmes de succession* seraient une taxe graduée prélevée sur les héritages en ligne collatérale : je voudrais, par exemple, qu'un individu mourant sans testament et ne laissant que des héritiers en ligne collatérale, sa fortune fût réduite à la moitié

---

Les revenus de la cédule D sont soumis à la déclaration du contribuable. Le revenu à déclarer est déterminé pour le commerce et l'industrie, par la moyenne des bénéfices réalisés dans les trois dernières années, et pour les professions, emplois et métiers, par la moyenne, dans la même période des gains et émoluments.

Enfin, les impôts de la cédule E sont déterminés par les listes d'émargement.

Des pénalités pécuniaires sont édictées contre les auteurs de fausses déclarations.

En ALLEMAGNE. — L'impôt sur le revenu est à peu près général en Allemagne ; il existe dans presque tous ces États non seulement à titre d'impôt d'État dans les royaumes et les duchés, mais encore à titre d'impôt municipal dans un grand nombre de communes.

Presque toujours le tarif est progressif tout en restant modéré, et l'échelle qui y est appliquée est calculée d'après le système dégressif avec un maximum qui ne dépasse guère 3 0/0 pour les revenus les plus chargés.

LA CONTRIBUTION PERSONNELLE BELGE. — La contribution personnelle belge constitue un véritable impôt sur le revenu à taux gradué.

Le taux de l'impôt est basé ainsi qu'il suit :

1° Il est prélevé 4 0/0 sur la valeur locative de l'immeuble affecté à l'habitation du contribuable.

2° Taux gradué sur les portes et fenêtres de 0,84 80 par porte ou fenêtre jusqu'à 2 fr. 33 20 suivant le chiffre de la population agglomérée.

3° Taxe sur les foyers d'après une échelle progressive du 0,84 80, 1,59 3,91, suivant que l'on fait usage de un, deux ou trois foyers.

4° 1 0/0 sur la valeur du mobilier.

pour les héritiers, l'autre moitié devant profiter au crédit.

Il est vrai que, sur ce délicat sujet, M. Barodet a récemment demandé que la nation fût déclarée héritière, lorsqu'un citoyen ne laissera à sa mort ni héritiers ni testament.

Quoique procurant un milliard à l'Etat, la proposition est inacceptable, dit l'*Officiel*, parce qu'elle

---

5° 6.36 à 14.84 par domestique, suivant le nombre et l'espèce des domestiques employés.

6° 10.60 à 42.40 par cheval, selon l'usage des chevaux et la profession du détenteur

Les déclarations sont faites par le contribuable qui peut demander une expertise contradictoire.

En Italie. — En Italie, la loi de 1877 frappe tous les revenus mobiliers quelle que soit leur origine et leur ressource. Quant aux revenus agricoles, ils n'y sont soumis qu'autant qu'ils constituent les profits de personnes étrangères à la propriété de l'immeuble ou qui échappent à l'impôt foncier.

La loi comprend quatre cédules : *A* Revenus spontanés et permanents (rente d'Etat, valeurs mobilières, créances hypothécaires et chirographaires, tous crédits de capitaux); *B* Revenus temporaires mixtes (profits industriels et commerciaux, y compris l'industrie agricole exercée par des personnes étrangères à la propriété du sol) ; *C* Revenus temporaires du travail (profession, art métier); *D* Traitements et pensions.

Les revenus sont taxés d'après une graduation par cédule. La taxe est établie d'après les déclarations des contribuables. La fraude est punie d'une amende égale à la moitié de l'impôt dû sur le revenu non déclaré.

En Russie. — Sur la proposition du ministre des finances, le conseil de l'Empire adoptait le 18 avril 1885 un projet d'impôt sur les revenus provenant de la fortune mobilière.

Cet impôt était calculé sur la même base que l'impôt déjà existant sur le revenu de la fortune immobilière et du commerce, c'est-à-dire 5 0/0.

Il comprenait les revenus des fonds publics de toute espèce et les revenus des comptes-courants et autres dépôts faits dans les banques de toutes catégories.

bouleverserait un état de choses social auquel le pays est vivement attaché !

La place me manque pour étudier ce sujet, mais il me sera bien permis de dire qu'il est odieux et quelquefois inique qu'un individu, que vous ne connaissez pas, ou que vous ne voulez pas connaître, vienne, au nom d'une parenté éloignée, reven-

---

Etaient exempts : les coupons des emprunts d'Etat garantis contre tout impôt ; les intérêts des dépôts faits dans les caisse d'épargne ; les associations de prêts et d'épargne et les banques rurales ; les dividendes des actions et titres de participation des sociétés industrielles.

LA SITUATION EN PORTUGAL. — La loi du 18 juin 1880 frappait tous les revenus nationaux et étrangers supérieurs à 833 francs quelle qu'en fût l'origine, dans une proportion qui variait de 1/2 à 3 0/0, suivant leur importance.

Cependant, l'impôt n'est plus perçu, aujourd'hui, sur les revenus fonciers et industriels, mais les traitements des fonctionnaires, la solde des officiers, les intérêts des obligations de l'emprunt intérieur et les dividendes des sociétés par actions continuent à le supporter.

EN SUISSE. — Dans presque tous les cantons de la Suisse et notamment dans les cantons de Vaud et de Zurich existe l'impôt sur le revenu.

Dans le canton de Vaud, on perçoit l'impôt mobilier et l'impôt foncier. L'impôt mobilier est établi sur la fortune mobilière proprement dite, sur les rentes et usufruits, sur les produits du travail. Cet impôt est réparti en sept classes, suivant une échelle de 1, 1 1/2 ; 2, 2 1/2 : 3, 3 1/2 et 4. Pour l'impôt foncier, les fortunes immobilières sont réparties en trois catégories auxquelles s'appliquent les taux de 1 1/2 et 2.

A Zurich, l'impôt est progressif et porte, à la fois, sur le capital et le revenu. Le taux de l'impôt sur le capital est identique pour tous les capitaux, de même que le taux de l'impôt sur les revenus. Mais on distingue entre la fortune vraie et la fortune imposable, entre le revenu vrai et le revenu imposable et le premier soin des agents de l'assiette est de déduire le capital et le revenu imposables du capital et du revenu véritables. On ne considère comme véritablement imposables que les revenus les plus élevés.

diquer des droits que vous ne lui auriez pas donnés vivant, pour détruire vos desseins et attaquer vos volontés.

Enfin, revenons à notre sujet, en déclarant que l'Etat pourra réglementer, en faveur du *Crédit national mutuel à prêt gratuit*, le droit des pauvres sur les spectacles (1).

J'ai démontré l'intérêt qu'a le travailleur à payer sa quote-part à ce pique-nique social, puisqu'il lui assure un petit bien-être.

Il me reste à encourager le riche à coopérer à cette œuvre, en flattant son amour-propre, qui ne déteste jamais sa palme.

Donc :

1° Tout donateur de 100,000 francs et pas au-dessus aura son buste en marbre dans la grande salle du siège social à Paris ;

2° Tout donateur de 50,000 francs et au-dessus aura son nom gravé avec la mention de sa libéralité sur des plaques de marbre qui orneront les salles du siège social ;

3° Tout donateur de 10,000 francs et au-dessus aura son nom et sa libéralité inscrite, sur tous les livrets des participants.

Êtes-vous convaincus maintenant que, par son organisation, cette œuvre stimulatrice des devoirs de l'homme envers son semblable, puisse, par son assistance intelligente et moralisatrice animée d'une sollicitude éclairée pour les classes laborieuses, faire tomber les injustes préventions qui ont souvent provoqué de déplorables collisions.

---

(1) *Le Droit des pauvres sur les Spectacles en Europe*, par M. Gabriel Gros Mayrevieille, à Charles Monod, Berger-Levrault.

Selon moi, c'est le meilleur moyen de réparer les fautes et les crimes de notre mercantilisme.

Voici deux mots qui caractérisent merveilleusement le mercantilisme de notre siècle.

Le premier m'a été dit par un homme de cœur :

— Je reconnais personnellement votre loyauté ; je suis convaincu même de vos bons sentiments ; mais je dois vous avouer que cette marchandise n'a pas cours à la Bourse.

Puis, le second peut se résumer ainsi :

— Un homme est honnête lorsqu'il fait honneur à sa signature.

Eh bien, mais je prétends que, lorsque un individu signe un effet à 90 jours, cet homme a la conviction de pouvoir le payer dans ce délai. Au lendemain de l'échéance, lorsque, pour l'aider à payer, l'huissier lui aura fait 7 à 8 francs de frais, sera-t-il plus malhonnête que 90 jours avant, signant de bonne foi un engagement, qu'une malchance est venue contrarier ?

Il serait peut-être bon, avant de demander la suppression du paupérisme, de réformer notre procédure, qui permet à un malhonnête homme, ou à un créancier insouciant, de conduire à l'abîme un pauvre diable pour la bagatelle de 100 francs.

Nous voyons tous les jours de ces exemples navrants qui, non seulement ruinent le vendu, mais n'arrivent jamais à couvrir les frais qu'un huissier plus au moins indélicat a faits à son profit. C'est toujours l'éternelle fable de l'huître et du plaideur :

> Perrin Dandin arrive ; ils le prennent pour juge.
> Perrin, fort gravement, ouvre l'huître et la gruge.

Voilà l'accablante histoire de Messieurs les huissiers.

N'est-ce pas temps que cela finisse?

Nous faisons trop bon marché de la valeur morale de l'individu. Cependant, il serait peut-être juste, si elle ne peut être cotée en Bourse, qu'elle le soit sur l'échiquier de la Société et surtout dans le *Grand-Livre* de nos transactions commerciales, agricoles, industrielles, j'irai même plus loin, en disant intellectuelles et physiques.

Certainement, l'homme honnête a droit à la reconnaissance de sa valeur morale, intellectuelle, manuelle, aussi bien que le capitaliste.

Après tout, qu'est-ce que le capital-argent? sinon une matière brute, inactive, inintelligente, incapable de produire, sans le secours de l'intelligence et des bras des travailleurs.

Si vous admettez cela, logiquement vous reconnaissez que le travailleur ajoute sa large part au capital commun du pays, partant il doit avoir dans cette richesse, sa parcelle infinitésimale de gloire, de bien-être et surtout de crédit.

Ce crédit peut avoir plusieurs formes ou plusieurs noms, mais n'oublions jamais que sans crédit point de richesse : car le crédit est l'âme des sociétés, la source même de leur vie.

Ce crédit évidemment doit être évalué suivant la nature de l'échange des capitaux, puisque le capital se divise en plusieurs catégories.

1° Capital argent.
2° Capital travail.
3° Capital intelligence et initiative.
4° Capital usine, outils et mécanique.
5° Capital moral (services loyaux et honnêtes).

Or, d'après ce tableau, tous les citoyens sont détenteurs d'un capital, qu'ils peuvent placer dans

la balance de la justice sociale, et espérer par
contre à son poids et à sa valeur un crédit équivalent.

N'en déplaise aux égoïstes, parce que c'est de
l'équité et non de l'égalité. Du reste, la probité,
l'ordre, l'économie sont des contingents qui conso-
lident la richesse du pays. Donc tout individu qui
possède ces qualités, et qui n'a pu se frayer une
route, est digne non seulement d'intérêt mais d'un
crédit, puisqu'il a contribué par son travail à faire
la fortune d'autrui, sans faire la sienne.

Si vous êtes juste, vous admettrez qu'il est révol-
tant qu'un homme ou une femme, après avoir tra-
vaillé opiniâtrement pendant la période normale
d'activité d'une vie humaine et après avoir contribué par ce travail même au développement de la
fortune publique, se trouve au seuil de la vieillesse
dénué de moyens certains d'existence, réduit à
compter sur les secours hasardeux de l'assistance
publique ou privée.

Il faut donc, dès à présent, prévenir ou combattre toutes les misères imméritées qui déshonorent
notre organisation sociale.

Cela sera un jour, parce que cela doit être. Sous
un régime démocratique, toutes les tentatives de ce
genre sont louables, rien de tout cela n'est dange-
reux, rien de tout cela même n'est inutile au progrès social, au contraire, puisque les évolutions
raisonnées font toujours avorter les révolutions
irraisonnées.

Bref, en fondant le *Prêt gratuit*, vous prouverez
une fois de plus que l'association des bras et des intelligences unis dans un même effort peut asservir le capital au lieu de se laisser dominer par lui.

Donc si vous reconnaissez ces vérités fondamen-
tales, vous admettrez que le travailleur, qui fait rou-

ler et fructifier vos louis, vaut bien un crédit de 200 francs.

Est-ce payer trop cher la vie d'un homme que lui donner le moyen, par quelques pièces blanches, de devenir un être libre, débarrassé des entraves qui lient son cerveau et ses actes à la plus basse et à la plus cruelle des servitudes, que la pauvreté rive à son être couvert des plus douloureuses meurtrissures.

Je fais appel aux généreux sentiments de tous les hommes, et je leur demande, la main sur la conscience, s'il ne vaut pas encore mieux sauver 75 individus sur 100 que de les laisser souffrir, dans la crainte qu'ils ne fassent un mauvais usage de leur crédit.

Et encore, pourquoi craindre ces écarts, puisque dans les villes où on pratique le prêt gratuit, sur gage ou sur honneur, la proportion des remboursements obtenus montre, par A + B, que le prêt gratuit n'est point une utopie, et que, pratiqué avec intelligence et organisation, il trouve le plus souvent une garantie suffisante dans le sentiment de probité qu'entretient chez l'emprunteur, si dénué qu'il soit, le devoir sacré de tenir un engagement pris délibérément avec sa conscience.

Si la tâche vous paraît ardue, ingrate même, elle n'en reste pas moins réalisable et digne d'être tentée.

Nous la tenterons, si nous sommes convaincus que rien ne peut être plus équitable ni plus juste que le *Prêt gratuit* bien organisé.

Admettons un instant l'acceptation d'un pareil système, dont le mécanisme, que je vous ai démontré, est des plus simples, et vous aurez trouvé une solution capable d'éteindre graduellement le paupérisme.

Cette conclusion est la seule féconde, en face de la puissance de la finance, si on veut éviter des bouleversements sociaux.

Qui veut la fin veut les moyens, une organisation logique entraine des solutions logiques.

Est-ce là la vraie solution? Je le pense sans oser l'affirmer. En tout cas, se serait la sécurité et la confiance. Or, je ne cesserai de répéter, la confiance en ses œuvres est la marraine du succès.

Puis, si ce n'est la solution complète, ce sera peut-être un pas de fait vers son achèvement, — parce que, le *Prêt gratuit* recèle en lui le secret des destinées nouvelles de notre société. Nos politiciens ne peuvent avoir de plus belle, de plus noble question à traiter. Quelle matière à méditation pour nos philosophes et nos hommes d'Etat !

Je crois fermement à l'efficacité du *Prêt gratuit*, car il peut sur le moral du travailleur exercer un maximum de puissance qui hâtera son relèvement.

Cette conviction est figée dans le moule indélébile de ma conscience.

Je suis convaincu même, qu'une fois organisée, les pays étrangers ne tarderont pas à copier notre tontine nationale, qui leur assurera le bonheur et la stabilité de leurs institutions.

D'autant plus que cette organisation ne peut être qu'un pique-nique; n'en profiteront donc que ceux qui auront contribué à fournir la *Cagnote sociale*.

Avec Séverine, je suis tenté de dire : « La vie est un pique-nique après tout, et qui en profite sans y contribuer s'abaisse au rôle de pique-assiette. »

Ainsi donc, l'homme le plus délicat et le plus fier pourra sans arrière pensée, accepter le concours du *Prêt gratuit*, du jour où il aura fait acte de participant.

Si cette organisation collective n'est pas la panacée universelle, je suis convaincu que d'autres,
après moi, trouveront des combinaisons meilleures.

Mais j'estime, pour l'instant, que c'est une application éminemment démocratique, qui mérite
l'adhésion de tous les cœurs généreux et dévoués
aux intérêts communs et sociaux. C'est le seul, à
l'heure où je parle, capable d'agir efficacement sur
les dispositions morales, politiques et sociales, de
notre pays. Que de bien pourrait-être fait, que de
mal pulvérisé par ce moyen ! Songez à l'influence
morale que peuvent avoir ces idées sur les masses,
et vigoureusement présentées dans les centres ouvriers.

On s'est moqué, trop souvent hélas, des travailleurs, que l'on traite en enfants bons à gober n'importe quelle couleuvre. On les exploite, on les
affame, on les perd au moyen de grossières ca-
lembredaines qui n'ont qu'un but : faire le bonheur
d'un, au prix de la misère de tous.

C'est habile d'exploiter les crédules, mais cela
est une industrie abominable.

On a tout promis au travailleur, mais, en attendant, on a chargé ses épaules des plus lourds impôts.

On a fait luire à ses yeux tout, y compris la lune,
on n'a presque rien fait pour lui donner la liberté
d'action. Si on lui a si souvent promis des grives
rôties, on n'a jamais essayé même de lui donner des
merles bouillis.

Or il y a quelque chose à faire, en dehors, bien
entendu, des utopies ridicules dont on les a leurrés,
et qu'on a fait semblant de vouloir mettre en pratique, telles que le projet Bovier-Lapierre et autres
insanités. Il faut intéresser aux bénéfices les ou-

vriers qui travaillent, et secourir ceux à qui, malgré leur bonne volonté, le travail manque, ou qui sont infirmes.

Il ne s'agit donc plus d'écrire de jolis mots, ni de déclamer des phrases prudhommesques ou de parler emphatiquement de l'humanité, que nous aimons tous. Il y a mieux à faire, si nous ne voulons pas être dupes ou complices. Dupes de notre bonté irraisonnée, complices de notre égoïsme indifférent, qui s'endort sur l'oreiller de la force, convaincu que tout est bien gardé.

Est-ce vraiment aimer l'humanité que d'avoir pour elle un amour platonique, mystique ? L'amour qui ne se traduit pas par des actes ne féconde jamais rien d'utile. Ne vaut-il pas mieux, lorsqu'il est pratiquement agissant ?

Car le véritable socialisme doit être la juxtaposition de tout assemblage de coordination et d'unification.

Mais, suivant M. Léon Say, « il en est des lois comme des plantes, il leur faut un sol favorable et des conditions de développement. »

Mais, prenez garde, le peuple n'est plus un enfant ; il a soif de moralité civique, depuis que les *Droits de l'homme* lui ont insufflé dans les veines, la grandeur de ses droits et la conséquence de ses devoirs.

Donc, toute œuvre bonne dans son intention, capable des meilleures effets, sera mort-née, si elle oublie ou méconnaît la liberté de l'individu.

Ne dites pas que le peuple du XIX<sup>e</sup> a un état d'âme innocent et enfantin. Cette période est finie ; comme le cerf altéré brame après l'eau d'une source fraîche et limpide, son cœur soupire après l'indépendance qui convient à un régime de liberté.

Les consciencieux risque-tout, par une primiti-vité d'impulsion, forceront les choses, mus par une confiance aveugle et une fierté commune qui ne manque ni de dévouement, encore moins de gran-deur, parce qu'ils savent que toute évolution est lente ; mais si lente qu'elle soit, elle doit avoir son heure, et, ce jour-là, nous serons obligés de la laisser passer, sans quoi, elle nous pulvérisera.

Non, on ne viole jamais impunément les lois du monde moral, encore moins les lois du monde physique, puisque le corps social est soumis aussi rigoureusement à ces lois que le corps humain.

Ouvrez, feuilletez l'histoire, consultez les faits, et vous serez convaincus que les événements psycho-logiques font les hommes, plus qu'ils ne se font eux-mêmes avec leurs œuvres.

Je crois donc que la force des choses, par l'entre-choquement des idées, fera surgir une nouvelle couche de semis nouveaux. Alors, ces hommes portés par les vagues populaires, seront con-traints d'évoluer suivant le courant de l'évolution sociale, qui revendique ses droits légitimes.

En attendant cette éclosion prochaine, suscitons de vaillants champions. Cette œuvre est immense, les besoins en sont pressants, allons vite vers ceux qui meurent d'inanition, vers ceux qui courent aux suicides.

Qui se lèvera pour combattre et prendre cette grande cause en main ?

Mais, suivant les vers bien connus :

Les cœurs sont bien près de s'entendre<br>
Quand les voix ont fraternisé.

Si j'ai parlé, c'est que le fabuliste a écrit :

Jupiter dit un jour : que tout ce qui respire
S'en vienne comparaître aux pieds de ma grandeur ;
Si dans son composé quelqu'un trouve à redire,
Il peut le déclarer sans peur ;
Je mettrai remède à la chose.

Le remède, je le donne à Jupiter, le peuple ; à lui, de choisir pour mettre à la tête de cette œuvre des hommes de tempérament, d'audace, d'initiative, égalant ceux de la Constituante ou de la Convention.

Qu'ils veuillent sincèrement et l'œuvre sera faite, par la seule poussée généreuse des vrais travailleurs, orateurs ou tribuns, prédicateurs ou évangélistes. Parlez de cette œuvre dans vos *agora* ou dans vos *forum*. Allez prêcher la bonne nouvelle, comme au temps de saint Paul. Que vos voix éloquentes retentissent partout, dans nos rues de Lystre comme dans nos synagogues d'Antioche ou d'Iconie, sur nos collines de l'Aréopage comme devant le prétoire de nos Philippes, au théâtre d'Ephèse comme dans l'école de Tyrannus.

Parlez au peuple, au nom de la justice et de la vérité ! Ne lui dites plus de mensonges, montrez-lui les avantages de cette providence vivante faite de ses propres œuvres ; alors, il sera capable de concevoir une providence plus affinée, qui contemple toute chose avec amour.

Que de fois j'ai voulu lancer cette idée ! Mais souvent, j'ai dû en abandonner la poursuite, pressentant que, sur ce terrain aride, je ne serai pas soutenu assez vigoureusement par l'opinion.

Mais, aujourd'hui, mon expérience me dit que l'épi est mûr ; sans hésiter, je le confie aux fougues, aux ardeurs, aux espérances, au patriotisme, de mes concitoyens, convaincu que, soumis à cette vitale influence climatérique, il ne peut que centupler.

Comme je sais qu'un pays ne vit pas rien que par l'entrechoquement de ses idées, je demande immédiatement, pour la France, notre chère patrie, un organisme nouveau, qui se manifeste en ses mœurs démocratiques, et traduise son génie de précurseur, en créant une philanthropie préventive, pour conjurer les épreuves humaines qui deviennent aussi nationales.

J'ai démontré, je crois, que le *Prêt gratuit* n'est pas seulement une idée, mais un fait acquis. Partout il nécessite, dès maintenant, un effort de tous les citoyens, une perspicacité toujours en éveil, ou une intelligence pratique, un intérêt quelque peu étroit et très intense, pour subsister et se développer.

Quoique imparfaitement, je crois avoir achevé ma tâche. Souvent je me demande depuis : Ai-je bien fait de parler? Oui, me dit ma conscience; oui, me crie mon cœur, douloureusement ému de toutes les souffrances inénarrables, qu'il a rencontrées échelonnées sur la route de son pèlerinage.

Qu'importe la critique, j'ai fait mon devoir.

Reste à savoir, maintenant, si ma faible voix sera assez puissante, assez sonore, pour trouver de l'écho aux foyers des travailleurs, en même temps que dans les salons de nos généreux capitalistes.

Je l'ignore ; mais ce qui me console, c'est que l'idée, une fois confiée aux ailes du zéphir, par le caractère d'imprimerie, qui l'a figée pour les siècles, s'enflamme, de place en place, dans les quatre parties du monde, comme de vrais feux follets.

Bien heureux soyez, publicistes, qui avez consacré vos veilles à élaborer ou à élucider un des grands problèmes de l'humanité ! Ce travail ne sera pas vain, car le semeur ne jette jamais inutilement ses semailles dans son champ.

Celui de l'esprit est immense, c'est notre récompense. Votre pensée traduite dans un labeur de longue haleine ira plus ou moins tardivement s'étayer sur les rayons poussiéreux d'une bibliothèque, mais un jour un chercheur l'en extraira pour le mettre en relief. Elle refleurira alors, comme le blé extrait du sarcophage d'une momie d'Egypte, qui, mis en terre, voit renaître pour lui une ère nouvelle.

Courage, pionniers de l'esprit, cette seule pensée doit vous consoler de vos nombreux déboires; si l'homme meurt, la pensée reste immortelle, et elle porte toujours ses fruits.

C'est sur cette réflexion pleine d'espérances, que je me demande si le déclin de notre siècle ou l'aurore du XX° verra se lever, pour notre démocratie française, l'ère nouvelle de la vraie sociologie?

Je le souhaite et l'appelle de mes vœux sincères de patriote et de sociologue. Heureux je serai, si j'ai pu y contribuer pour ma faible part.

Imp. Mazereau. — Tours. — E. Soudée, Successeur.

DIRECTEUR :

F. Martin-Ginouvier.

# LA PAIX SOCIALE

Journal Quotidien Indépendant

RÉDACTION

ET

ADMINISTRATION

10, rue du Faubourg, 10

MONTMARTRE

PARIS

TOURS. — Imp. E. SOUDÉE

www.ingramcontent.com/pod-product-compliance
Lightning Source LLC
Chambersburg PA
CBHW061309060726

47596CB00002B/828